That Salt on the Tongue to Say Mangrove

Other works by Silvina López Medin

La noche de los bueyes
Esa sal en la lengua para decir manglar
62 brazadas
Excursión
Poem That Never Ends

Other works by Jasmine V. Bailey

Alexandria
Disappeared

That Salt on the Tongue to Say Mangrove

Silvina López Medin

Translated from the Spanish
by Jasmine V. Bailey

Carnegie Mellon University Press
Pittsburgh 2021

Acknowledgments

The author and translator would like to thank the following publications in which versions of these poems first appeared.

Esa sal en la lengua para decir manglar, Buenos Aires, Ediciones del Dock, 2014

Brooklyn Rail / InTranslation: "A Brief History of My Northern Uncles," "Like That Birthday We Showed Up Late To," "Conversation," "Tradition," "Breakfast," "I Eat and Sleep with a Stranger," and "Royal Enfield"
Circumference: "My Grandfather Klaus Kinski," "Three Worms in the Bottom of the Pool Make an Abstract Painting," and "Notes for a *Fado*"
Los Angeles Review: "Poems from the Equator"
Two Lines: "Pentimento"

The translator wishes to thank the following individuals: Curtis Bauer, for his guidance in crafting and revising these translations; Gerald Costanzo and Cynthia Lamb for their enthusiasm for this project; Richard X. Bailey for introducing me to the art of translation; Molly Stephenson, for making us all fall in love with Spanish; and Dan, for everything.

Library of Congress Control Number 2021936737
ISBN 978-0-88748-671-5

10 9 8 7 6 5 4 3 2 1

Contenido

Contents

A la sombra de esos árboles

In the Shadow of Those Trees

Breve historia de los tíos del norte

Destrozo sobre destrozo:
el asfalto, el viejo mercedes benz, los tíos adentro
todo chirría y ese árbol
creció de más, está estallando la vereda
su sombra tapa todo
parece un lapacho o una madre. De fondo siempre
ladridos, el perro años en el playroom
devoró muebles, fotos, un dedo
hay que gritar encima
para escucharse, disfónicos
salen al balcón en busca de felicidad, de un río
aunque no hay río no hay mar
hay raudal
agua que arrastra y rompe, y sigue la tormenta.

Pero si hay sol
barren las hojas
espían con largavistas a vecinas
un bretel, un escote, un lunar
de lejos no es falso
no se ve el polvo que recubre.
Abren baúles, visten
del tiempo de la madre
cuando había silencio, no perro
no árbol gigante
ropa que sobra o aprieta ¿duele?
leen juntos el final del cuento
donde todos así vestidos
fuera de tiempo
se tiran al mar
pero ya lo dije, acá no hay mar,
no saben qué hacer con un final así.

A Brief History of My Northern Uncles

Wreck upon wreck:
the asphalt, the old Mercedes Benz, my uncles inside it
everything creaking, that tree
overgrown, buckling the pavement
its shade touching everything
like a lapacho or a mother. Inside, always
barking: the dog, years in the playroom,
devoured furniture, photos, a finger—
you have to yell
just to be able to hear yourself; hoarse,
they go out onto the balcony in search of happiness, a river
although there is no river there is no sea
there is torrent
water that batters and breaks, and the storm follows.

But when there is sun
they sweep leaves,
spy on their neighbors with binoculars
spaghetti strap, cleavage, a birthmark
from afar none of it looks fake
you can't see the film of dust.
They open trunks, dress
in clothes from their mother's time
when there used to be silence, no dog
no huge tree
clothes too big or tight. Does it hurt?
They read together the end of the story
where everyone dressed this way
from another era
throw themselves into the sea
but I already told you, there's no sea here,
they wouldn't know what to do with such an ending.

Como ese cumpleaños al que llegamos tarde

Y al preguntar por la tía enferma
una prima dijo "tenía sueño, se fue a dormir"
por la forma en que miró el rincón
donde una nena chupaba restos
de corazón de torta
pegados a una vela, supimos
no la veríamos otra vez.

Alguien hizo con los dedos un hueco
probó encender la llama que el viento apagaba,
alguien recogió del suelo uno por uno
pañuelos de papel,
alguien tomó papel y lapicera
pero la tinta no salía,
alguien dejó su pálido rouge en el borde de una copa,
alguien frotó el círculo de esa copa marcado en la madera,
alguien miró la madera y dijo "Oh"
cuando no había
de qué asombrarse, antes
de que otra nena
saliera de su escondite bajo la mesa y de un tirón
del mantel
arrasara con la medida de esos gestos.

Like That Birthday We Showed Up Late To

And when we asked after our sick aunt
a cousin said, "She was tired and went to sleep,"
because of the way she looked at the corner
where a little girl sucked the last
guts of cake from a candle, we gathered
that we would never see her again.

Someone made an alcove with their fingers
tried to relight the flame the wind had blown out,
someone picked up tissues from the floor
one by one,
someone held a pen and paper
but it was out of ink,
someone left their pale lipstick on the rim of a glass,
someone rubbed at the circle that glass left on the wood,
someone looked at the wood and remarked, "Oh,"
when there was nothing
to be surprised about, before
any other little girl
emerged from her hiding place beneath the table and with one yank
of the tablecloth
lay waste to the measure of these gestures.

Mi abuelo Klaus Kinski

foto: sonrisas penden de un hilo
se corta en Klaus, gigante de cabeza inclinada
sin anteojos elige ver mal
borrado, una mancha oscura en el brazo izquierdo
como un insecto muerto o no sé
no se ve bien

no flota una mariposa entre los dedos de Klaus
marchan patas en punta, aguijones

ya de niño
ocultaba manzanas en armarios, escribía:
comer poco para no crecer

y crecía igual, como todos

es verano en la foto
una mano intenta tapar el brazo herido
la otra a punto de secar, suspensa
una gota que brilla en la frente
como una lágrima corrida de lugar

My Grandfather Klaus Kinski

picture: smiles hang from a thread
that ends with Klaus, his huge head half tilted
without glasses he has chosen to see poorly
erased, a dark stain on his left arm
like a dead bug or I'm not sure what
it's hard to see

no butterfly floats between Klaus's fingers
marching on tiptoe, stingers ready

even as a child
he hid apples in closets, wrote:
eating little so as not to grow

and grew anyway, as we all do

it's summer in the picture
one hand tries to cover the hurt arm
the other about to blot a glittering
drop suspended from his forehead
like a tear that's gone off script

La conversación

Había memorizado
las formas de encajar
el cuerpo en las palabras
cómo hacer un relámpago
de una mínima risa
incrustar cada tanto
el nombre propio
en busca del punto firme
de la piedra
donde comienza el salto a la otra orilla.
Había hecho todo
pero todo
fuera de ritmo
como quien ve un cartel que señala
una montaña y piedras
piedras que caen,
no sabía detener ese derrumbe.

Conversation

I memorized
all the ways the body
could fit into words
how to make from a hint of laughter
a lightning bolt,
engraving every so often
my own name
looking for the stone's
sure center
from which you can jump
to the other shore—
I had done everything
no, everything,
out of step
like someone who sees a sign that warns
of a mountain and stones
stones falling,
I didn't know how to stop that crumbling.

Tres lombrices en la pileta hacen en el fondo un cuadro abstracto

Esa vez que intenté romper
el domingo en dos
y en la mitad
del peor temporal
bajo la flecha que parte la noche, agita
sus criaturas,
quise pisar la tormenta,
los pies desnudos en el pasto
el cuerpo a la espera de agua ajena

hasta recordar
lo que sale a flote:

lombrices
que tras el diluvio los pájaros
bajan a devorar,
levanté un pie
volví a los saltitos
hacia la zona de confort
bajo las tejas

llovía, llovía en serio
la lluvia no era fílmico
anuncio de otra cosa.

Three Worms in the Bottom of the Pool Make an Abstract Painting

That time I tried to break
Sunday in two
and in the middle
of the worst gale
beneath the arrow that parts the night, its creatures
trembling,
I tried to walk over the storm,
feet naked in grass
body given to the wait for distant water

until I remembered
what invariably floats:

earthworms
that, once the storm has passed, birds
will descend to devour,
lifting a foot
I hopped back
to safety
beneath the tiles

it rained, rained like it meant it
not like the rain that falls in films
to signify something else.

Tradición

El artefacto armado por mi padre,
una rama en V y una tira,
cuando a orillas del barrio
había un río y se jugaba
la puntería en los pájaros,
lo he dejado caer en algún fondo
y he dejado a un costado las piedras.

Tradition

The artifact my father fashioned,
a V-shaped branch and piece of rubber,
when at the edge of the neighborhood
there was a river and kids played
target practice on the birds,
I've let it fall into some lost corner,
I've let the stones gather dust.

Notas para un fado

intervalo: un hombre viejo, viejo
aferrado a un papel
repasa su letra
la punta del zapato
se acerca y se aleja del piso
marca el ritmo, ya no marca
insinúa, en parte ha perdido
el control del cuerpo, lo que queda
entre el piso y su pie
¿es ese el espacio entre las cosas
que Cage pedía no olvidar?
el hombre viejo avanza
lento en su estar
un poco desprendido del entorno
se aferra al micrófono, sonríe
hasta que encuentra
el compás del canto
a veces se le va una frase o la voz,
nosotros con pies firmes sobre el suelo firme de la taberna
en cada silencio le soplamos la letra,
todavía creemos en la necesidad de completar.

Notes for a *Fado*

interval: an old, old man
gripping a paper
rereads the lyrics
the tip of his shoe
inching toward and away from the floor
he's marking time, or no longer marks
but suggests, he has partly lost
control of his body, what's left
between the floor and his foot—
is that the space between things
that Cage asked us not to forget?
the old man comes forward
slow in his being
a little detached from the world around him
he takes the microphone, smiles
until he finds
the music's compass
from time to time he misplaces a line or his voice,
we whose feet are firm on the tavern's firm floor
whisper the words to him at each silence,
convinced, still, that everything must be whole.

Desayuno

La mesa entre nosotros
cada cabeza en su libro
levanto la vista
das vuelta una página
tomás un sorbo de café
mirás el charco negro que hay en el plato
al apoyar la taza una gota salpica tu manga
das vuelta otra página
das una pitada la ceniza al borde de quebrarse,
empujo el cenicero hasta tu lado de la mesa
el ruido del cenicero al deslizarse
te hace levantar un instante los ojos

mi boca deja salir
un humo que no alcanza a tomar forma y tu mirada otra vez
sigue de largo

cierro mi libro
giro la rueda metálica del encendedor
ese chasquido, ese chasquido.

Breakfast

The table between us
each head in its book
I raise my eyes
you turn a page
take a sip of coffee
look at the black puddle left behind on the plate
when you set down the cup a drop splashes your sleeve
you turn another page
take a drag, the ash on the verge of falling,
I push the ashtray towards your side of the table
the noise of it sliding
makes you raise your eyes for an instant

my mouth lets escape
smoke that doesn't quite take shape and your face
once again
recedes

I close my book
turn the lighter's metal wheel
that click, that click.

Como y duermo con un desconocido

Lo que un avión permite:
el filo moderado de un cuchillo,
dos o tres formas de acomodar el papel metal
plegado prolijamente o hecho un bollo, las mismas formas
de acomodar el cuerpo en el asiento
ahora que la azafata apaga las luces sin palabras de despedida
como una madre severa o muda,
esta cabeza desconocida no encuentra el lugar
no se entrega al sueño
cae en mi hombro, se levanta
prudente oscilación
del vino en la copa descartable
no cruzamos palabra
pero algo cruza cada tanto
la frontera del apoyabrazos
mi mano que alcanza
la copa a la azafata, o el ritmo de esa respiración
que se agrava, se resigna
se quedó dormido, pienso
pero quién
se quedó dormido
no tiene nombre
se quedó dormido
insisto y mis párpados
se van cerrando
como una madre cierra
lentamente la puerta
hasta escuchar el click
mi cabeza cae, estoy
en el hueco de un hombro.

I Eat and Sleep with a Stranger

What an airplane allows:
the dulled blade of a knife,
two or three ways of stashing the foil
folded neatly or rolled into a ball, the same ways
we might fit our bodies into the seats
now that the flight attendant turns out the lights with no word
    of farewell
like a severe or silent mother,
this strange head can't find a place
doesn't surrender to sleep
falls on my shoulder, lifts up
in a well-advised sway
from the wine in the disposable cup
we don't pass the time of day
but something passes every so often
the border of the armrest
my hand which stretches to steer
the cup to the flight attendant, or the rhythm of that breathing
which escalates, retreats,
he has fallen asleep, I think
but who
has fallen asleep
he has no name
he has fallen asleep
I insist and my eyelids
begin to close
the way a mother closes
so gradually the door
until she hears the click
my head falls, I fall
into the hollow of a shoulder.

Royal Enfield

Si pudiéramos permanecer
en el abrazo desmedido que exige una moto
pensás mientras cruza
el asfalto un perro
como una mancha negra,
la cabeza acostada
a ver cómo suena en su espalda
la velocidad, van quedando atrás
las copas de los árboles y apretás con más fuerza
ahora que te persigue
una idea: a la sombra de esos árboles
dejarán el cuerpo de la moto
cromado que resiste la corrosión
y caminarán
cada uno aferrado a su propio casco.

Royal Enfield

If we could remain
in that over-embrace a motorcycle demands
you think, as a dog
crosses the pavement
like a black stain,
your head lowered
to feel the speed rattle
through his spine, the crowns of the trees
recede into the distance and you tighten your grip
now that you're being pursued
by an idea: in the shade of those trees
together you will leave the motorcycle's body
where the chrome will fail to rust
and walk
each clutching a helmet.

Poemas del ecuador

Poems from the Equator

1.

Postal en la puerta,
habitación a la que nunca entraré.

2.

Más invisible que nunca
esa frontera, y yo hilvanada
vuelta a partir.

Los trópicos como puntadas de la Singer de mi abuela.

1.

Postcard on the door,
room I will never enter.

2.

More invisible than ever
that border, and I threaded,
come back in order to leave.

The tropics like stitches made by my grandmother's Singer.

3.

Acá se nota el doblez
justo en la mitad
el cambio de rumbo de la sombra.

Y el agua que hace temblar
tanta simetría.

4.

O intentar en la otra punta
una versión fría del paisaje

empujar el hielo
así la línea se hace grieta,
un hocico asoma a respirar

tiene algo de animal polar quien escribe
frente al vidrio roto de la ventana
resoplando
a ras, a ras, a ras.

3.

Here you can see the fold
right in the middle,
the shade changing course.

And the water that makes such symmetry
tremble.

4.

Or to seek at the other end
a cold version of the landscape

to push the ice
so that the line becomes a fault,
a snout pokes out to breathe

people who write in front of a window's broken glass
have something of a polar animal in them,
puffing
just there, just there, just there.

5.

O tropezar con esta noche
de bosque de la costa
irse por las ramas en su función
guardiana de tormentas

toda esa sal en la lengua
para decir manglar
quizás haya que podar la palabra hasta su origen
de árbol torcido

tal vez cruja.

6.

El chirrido de la puerta desmiente
lo que parece cerrarse

creo entender un ruego en ese ruido:
que la secuencia no pierda humedad.

5.

Or to stumble into this night
of coastal forest
scramble into the branches,
keepers of storms

all that salt on the tongue
to say mangrove
maybe we should pare the word back to its origin:
a twisted tree,

maybe break it.

6.

The creaking of the door refutes
what appears to close

I hear a plea in that noise:
that the sequence not run dry.

7.

Como Tadzio en Venecia
el cuerpo a rayas
marinero
el agua va y vuelve
y no me lleva.

8.

Habrá que entrar en zona de aguas vivas
que me dejen su marca
reverso de blandura

todo el ardor en ese ardor.

7.

Like Tadzio in Venice
a body
sailor striped
the water recedes and returns
and doesn't take me.

8.

I must have to wade into whitewater
for it to leave its mark on me
the opposite of tenderness

all the ardor in that ardor.

9.

Como una niña que aprende a recortar
sigo siempre la línea punteada
arrojo los restos.

10.

Suena más suave escualo
que tiburón
en el fondo es lo mismo
dar un nombre
a la ranura
eso que llaman branquia
es una herida
se pega, se despega.

9.

Like a little girl learning to cut
I follow faithfully the dotted line,
discarding what's leftover.

10.

Sea dog sounds softer
than shark
in the depths it's the same
to give a name
to the slit
that thing they call a gill
is a wound
it closes, it reopens.

11.

Un banco de arena, una pausa
del agua
la mirada no se detiene

el pozo imposible de la orilla.

12.

No hay botella que contenga
la gran lágrima océano.

11.

A sandbar, a pause
in the water
the gaze doesn't interrupt

the impossible well of the shore.

12.

There is no bottle that can contain
the ocean's sorrow.

13.

Debe haber un término marítimo para decir
saltar del risco más alto
a ver qué
se quiebra del todo
o quedarse en suspenso, volver
al punto de partida.

14.

Golpe seco
del viento empujando esa puerta
contra un marco torcido.

O ese otro golpe
que también deja marca
empapa
oscurece lo que toca.

Adiós
dice una parte,
la otra tacha
lo definitivo
¿Adiós?

13.

There should be a maritime word that means
to jump from the highest cliff
to see what
breaks off from everything
or hangs in suspense, returns
to where it started.

14.

Dry blow
of the wind pushing that door
against its crooked frame.

Or that blow
that also leaves a mark
dampens
darkens what it touches.

Goodbye
says one part of me
another part
a louder one
Goodbye?

15.

No hago pie.

Mientras pueda decir
no hago pie.

Es la orilla.

15.

I can't touch the bottom.

As long as I can say
I can't touch the bottom.

It's still the shore.

Pentimento[1]

---

[1] A pentimento is physical evidence in a painting that shows that the artist has altered the work, usually reflecting a shift in intentions.

1.

Lo que no encaja
lo que suena a hoja rasgada es
hoja rasgada
y esos resquicios de luz
son bordes salvados
con cinta scotch,
y esta es una forma de desesperación
la uña que raspa
en busca de la punta.

1.

What doesn't fit
what sounds like a torn page is
a torn page
and those glimmers of light
are fissures redeemed
with Scotch tape,
and this is a form of desperation
the nail that scratches
searching for the seam.

2.

Hay una X que es la incógnita
que se despeja.

Hay otra que es una forma medida de tachar,
lo anterior asoma.

Y hay otra letra
que se repite en hipoxia asfixia anoxia, es decir
cuando no alcanza el aire. Ahora
es esto: algo que se acumula en los papeles
corta mi respiración.

2.

There's one X for the unknown
you can solve for.

There's another that is a measured way of crossing out;
the former stands out.

And there is another letter
that stutters in hypoxia asphyxia anoxia, in other words
when you can't get your breath. Now
this: something building up in all this paper
cuts off my breathing.

3.

No hay tiempo
para esperar la transparencia que el tiempo da

miro manchones a trasluz
¿esto es una letra?
dudo de esas patas
de insecto que aún se agita,
el impulso es rematar.

3.

There is no time
to wait for the clarity time brings

I candle scraps of paper
is this a letter?
I wonder at the feet
of an insect still twitching
the impulse to finish it off.

4.

Un hombre. Una mujer. Una casa frente al lago.

Restos
del texto abandonado como esas piedras de la playa
que uno junta
y en el fondo sabe va a soltar.

4.

A man. A woman. A house facing a lake.

Traces
of a text abandoned like those stones from the beach
that you gather
all the while knowing you'll cast them off.

5.

Cómo se construye sobre la tierra blanda
que deja el lago

esos troncos fueron pilotes
parecían tocar
la capa resistente del terreno,
una mujer se sienta en la madera, fuma
piensa escombros.

5.

How to build anything on the soft earth
the lake leaves behind

those logs were pilings
they seemed to reach
into the earth's hard core,
a woman sits on the wood, smokes
thinking rubble.

6.

¿Eso que escribís te pasó?

Shhh
no lleva a ninguna parte un lago
es más
es ciénaga
fondo que se hunde
no me deja hacer pie no me deja ir
como una boca
traga las palabras.

6.

Did what you're writing happen to you?

Shhh
a lake carries you nowhere
what's more
it's a swamp
a depth that founders
doesn't let me touch the bottom doesn't let me go
like a mouth
swallowing words.

7.

Rasgar, rasgar.

7.

To rend, to rend.

8.

La cabeza sobre la tapa del escritorio
una imagen de reposo
si no fuera por este dedo que sigue
una veta de la madera,
lo que parece comenzar
a abrirse se cierra y sólo es
un punto de dolor
preciso como la incrustación de una astilla.

8.

My head on the top of the desk
a picture of repose
if it weren't for the finger that traces
the wood's grain,
what looks like it's starting
to open closes and is nothing more
than a stitch of pain
lodged deep as a splinter.

9.

Digo azul, que se vea
el agua del principio

no se sostiene el tono
esa mujer mete un pie en el lago
que se enturbia

como si alguien hubiera cavado un pozo para llenarlo
/ de lo que cae al apretar un trapo

había escrito
y no había escrito más.

9.

I say blue—that's
what water looks like at first

the tone falls apart
that woman dips one foot in the lake
disturbing it

as if someone had dug a hole just to fill it
                    / with what can be squeezed from a rag

she had written
and stopped writing.

10.

La mujer en la orilla fuma
corre la cara
el viento le devuelve su humo.

10.

The woman on the shore smokes
she turns her face away
the wind blows smoke back at her.

11.

Una forma de darse ánimos, inventar
un episodio de bravura
como quien corta la maleza con el óxido
de un cuchillo en la mano

esa hoja contra el viento dice
déjate ir, déjate ir
no importa entonces
lo que se pierde: el filo
en los tallos
largos como letras que se tuercen
en el apuro en el afán de seguir
el envión.

11.

One way to stoke your courage—make up
a bout of bravery
like someone who cuts weeds with the rust
of a handheld blade

that leaf against the wind says
let go, let go
it doesn't matter in the end
what you lose: the blade
in the stalks
long as letters that cripple
in the rush, the lust to fulfill
that impulse.

12.

En esto hay algo artificial

decir la pareja frente al lago
o el vaso que se vuelca en el cuaderno
hace un agua negra.

12.

There's something artificial in this

to say the couple facing the lake
or the glass that spills onto the notebook
turning the water black.

13.

Antes, con el mínimo crujido de una rama
esa mujer hubiera construido una escena de regreso

ahora una rama que se quiebra
es una rama que se quiebra
pura repetición.

13.

Before, at the merest rustle of a branch
that woman would have imagined a scene of reunion

now a branch snapping
is a branch snapping
purest repetition.

14.

Copio el gesto del pintor que inclina el cuerpo
cada vez más
abajo, hacia la tela
arroja esas gotas, él mismo
a punto de caer dentro del cuadro.

14.

I copy the painter who leans his body
deeper and deeper
towards the canvas
spattering each drop, himself
about to fall into the painting.

15.

La mujer en la orilla
palpa en su abrigo
el peso de unas piedras.

15.

The woman on the shore
fingers within her coat
the weight of stones.

16.

El lago
contagia su quietud.

Si acá hubiera mar
haría lo que se hace frente al mar
acoplarme al movimiento
su forma
de eterna tachadura.

16.

The lake
infects me with its stillness.

If this were the sea
I would do what you do before the sea
follow its movements,
its talent
for permanent erasure.

17.

No alcanza la anécdota, no alcanza
un hombre, una mujer, un lago
un trazo no alcanza
buscar hasta salirse de la lengua
quiero decir *stroke*
del golpe a la caricia
la escala se abre, el gesto se abre
no deja de ser contorno.

17.

The story falls short
a man, a woman, a lake
a line falls short
fails to go past the tongue
I want to say *stroke*
from fist to caress
the scale unfolds, the gesture unfolds
never resolves from contour.

18.

Shhh, no vale el recurso
esto de unir fragmentos
con música incidental.

18.

Shhh, it's not worth the effort
this business of piecing bits together
with incidental music.

19.

Cada tanto se enciende una ínfima brasa
la mujer que fuma en la orilla
no se ve más
ha quedado tachada.

19.

Every so often an infinitesimal ember ignites
the woman smoking on the shore
can no longer be seen
she has been crossed out.

20.

Capa tras capa de pintura,
se vuelve
sobre lo mismo.

20.

Coat after coat of paint
ends up
where it started.

21.

¿Lo que escribís te pasó?

No poder decir
el lago de otra forma.

¿Lo que escribís te pasó?

Deformar el lago
volverlo laguna
cosa olvidada
vacío.

¿Lo que escribís te pasó?

Nadar es empujar el agua, así
se empujan las palabras
a otro ritmo, lo que queda
es ir hasta el fondo, uno aguanta
la respiración, para decir luego: ahí estuve
de eso se trata
un lago.

21.

Did what you're writing happen to you?

No other way
to say *lake.*

Did what you're writing happen to you?

Warp the lake
make it a pond
something forgotten
empty.

Did what you're writing happen to you?

Swimming is pushing water, the same way
we push words
to different rhythms, and what remains
is to dive to the bottom, you hold
your breath, to later say: I was there
and what it's about is
a lake.